El Lado Oscuro Del Llamado

Pastora Marisol Santos

El Lado Oscuro Del Llamado
Copyright © 2024 Pastora Marisol Santos

Todos los derechos reservados. No se puede reproducir, distribuir ni transmitir ninguna parte de esta publicación en ninguna forma ni por ningún medio, incluidas la fotocopia, la grabación u otros métodos electrónicos o mecánicos, sin el permiso previo por escrito del autor y del editor, excepto en el caso de citas breves incluidas en reseñas críticas y otros usos no comerciales permitidos por la ley de derechos de autor.

Scripture quotations marked (NIV) are taken from the Holy Bible, New International Version®, NIV®. Copyright © 1973, 1978, 1984, 2011 by Biblica, Inc.™ Used by permission of Zondervan. All rights reserved worldwide. www.zondervan.comThe "NIV" and "New International Version" are trademarks registered in the United States Patent and Trademark Office by Biblica, Inc.™

Publicado por: DiViNE Purpose Publishing Co. LLC
www.divinepurposepublishing.com

ISBN: 978-1-948812-39-9

Printed in the United States of America

DEDICATORIA

El ser elegido por Dios para hacer su voluntad, es una gran bendición. Pero no te exime de pasar por batallas, luchas, desiertos o pruebas. Dentro del llamado vienen momentos difíciles, sombríos, oscuros y tenebrosos.

Espero que este libro traiga paz y fuerzas a tu vida. Dedico cada experiencia escrita en estas páginas a todos aquellos que han sido separados a hacer la voluntad del Padre.

CONTENIDO

Dedicatoria	3
Prologo	7
Introducción	11
Perfiles Bíblicos	15
Soledad, Depresión, Pánico	27
Donde estaba Dios	39
Conclusión	45
Definiciones	48
Bibliografía	49
Sobre La Autora	51
Notas	53

PROLOGO

El Lado Oscuro del Llamado
Por Manuel Hernández

Es esencialmente imposible determinar reglas y medidas sobre cómo responder y establecer el llamado de Dios en nuestras vidas. Jesús mismo reconoció que el reino era una vida diaria de paz, poder, justicia y autoridad en el Espíritu. Pero la Palabra de Dios revela secretos sobre cómo vivir y llegar a estar enfocado en el plan de Dios. Cuando Dios llama a sus hijos, ese lo pone en marcha los procesos para una vida completamente desconocida, pero reservada para aquellos que voluntariamente responden afirmativamente a la voz de Dios.

La Palabra de Dios es un espejo en el que el Espíritu de Dios revela sus secretos más íntimos. Debido a nuestra educación natural, creada y hecha por el hombre, comprender el propósito del Soberano Señor es a primera vista complejo y fuera de nuestra vista natural. David (el octavo hijo de Isaí) nunca imaginó el desplazamiento que estaba a punto de emprender cuando el profeta Samuel visitó la casa de su padre y lo ungió como Rey de Israel.

> [11] "¿Son estos todos tus hijos? —Queda el más pequeño —respondió Isaí—, pero está cuidando el rebaño. —Manda a buscarlo —insistió Samuel—, que no podemos continuar hasta que él llegue. [12] Isaí mandó a buscarlo y se lo trajeron. Era buen mozo, pelirrojo y de buena presencia. El Señor dijo a Samuel: —Este es; levántate y úngelo.[13] Samuel tomó el cuerno de aceite y ungió al joven en presencia de sus hermanos. Entonces el Espíritu del Señor vino con poder sobre David, y desde ese día estuvo con él. Luego Samuel regresó a Ramá. "(1 Samuel 16:11-13, Nueva Versión Internacional)

Fue una montaña rusa de trece años que terminó con el nombramiento de David por los ancianos de Israel como Rey del pueblo de Dios. Su ungimiento comprometía el propósito de Dios con las experiencias buenas, malas y difíciles por las que pasaría debido a sus decisiones durante el viaje. *El Lado Oscuro del Llamado* abarca una mirada única y profunda a lo que sucede antes, durante y después que el llamado de Dios se active e impacte cada movimiento y vibración que hacemos y cada decisión que tomamos en el proceso.

El llamamiento activó un viaje de por vida en el que David superó los límites de las expectativas de su personalidad, pero la/s experiencia/s no ocurrieron sin lágrimas y dolores de parto. *El Lado Oscuro del Llamado* es un espejo y una revelación del viaje que los hombres y las mujeres emprenden cuando Dios los separa y los envía en su camino hacia un desplazamiento continuo de descubrimiento y afirmación en Jesucristo.

José (bisnieto de Abraham) fue vendido y enviado como esclavo a una tierra extranjera para poner en marcha el movimiento de liberación más grande que jamás haya existido.

> 24 "Tiempo después, José dijo a sus hermanos: «Yo estoy a punto de morir, pero, sin duda, Dios vendrá a ayudarlos y los llevará de este país a la tierra que prometió a Abraham, Isaac y Jacob». 25 entonces José hizo que sus hijos le prestaran juramento. Les dijo: «Sin duda, Dios vendrá a ayudarlos. Cuando esto ocurra, ustedes deberán llevarse de aquí mis huesos." (Genesis 50:24-25, NIV)

Fue un sueño (llamado de Dios) que José tuvo y que ignorantemente expresó a sus hermanos que casi lo mata, pero lo envió en camino hacia el cumplimiento de su voluntad y propósito.

Estas páginas intentan mostrar y recrear cómo algunos de los hombres y mujeres que leemos en la Biblia y en la historia experimentaron muchas similitudes aquí escritas. El libro es una sagaz revelación del antes, durante y después del proceso de tal experiencia. La pastora Marisol Santos capta rápidamente las experiencias y la difícil situación además de las luchas del ministerio y siembran una semilla de sabiduría en todos los que han sido y serán enviados para llevar a cabo la voluntad de Dios en el liderazgo ministerial. Esta es una lectura obligada, una compra ineludible y una llamada de atención en tiempos como estos.

INTRODUCCIÓN

Era una noche de semana, alrededor de las 07:00 pm, el salón estaba lleno de estudiantes, esperando al Profesor que le correspondía dar la clase de Humanidades en la Universidad Interamericana de Puerto Rico, recinto de Fajardo. Era el primer día de la clase así que todos estaban ansiosos de saber quién era el profesor y que tema se iba a hablar, pues en la primera clase se presentaban todos los estudiantes y el profesor leía el prontuario donde discutía todo lo que iba a tratarse durante el curso y los distintos trabajos que se iban a entregar. Estaba un poco oscuro, pero se podía apreciar la hermosa naturaleza, el cielo y los árboles verdosos a través de la puerta del salón. Cuando de momento entra este hombre alto de cabello rojizo y barba, con una respiración profunda y va directo a la pizarra y escribe en letras grandes la siguiente oración:

"DIOS ES AQUEL, DE LO CUAL NADA MAYOR, PUEDE SER CONCEBIDO."

Todos los estudiantes se quedaron atónitos y reflexionando ante lo que el profesor había escrito y dijo: ¿qué me tienen que decir al respecto?, de primera intención la oración estaba impactante, muchos dijeron ¡Wao!, otros expusieron sus puntos y estuvieron de acuerdo de que eso era verdad. El profesor dijo, hoy vamos a comenzar a tocar el tema de la Inclusión y la Deducción, lo que es incluir y que es deducir. Durante todo el semestre esa expresión me caló hondo a mi corazón y al pasar los años analicé una y otra vez la misma, pero hoy puedo decir que ciertamente había que hacer una profunda inclusión a la oración que este profesor trajo esa noche a clase antes de llegar a una conclusión final, pues Dios no es un Aquel, Dios es Dios y es soberano, eterno, principio y fin, Él no ha sido concebido. Ahora bien, si se trata del Hijo de Dios en lo humano, nacido de mujer (pero aun así fue concebido por el Espíritu

Santo, no por naturaleza humana) entonces hablaríamos de Emmanuel que es Dios con nosotros y habría que inducir a plenitud esta verdad, Mateo 1:18. Dios siempre fue, Dios siempre es y Dios siempre será. El Salmo 136 habla de cómo formó todas las cosas con su entendimiento y su ciencia. En el libro de Job capítulo 38 al 41, Dios le habla a este hombre desde un torbellino y lo confronta con la realidad de que muchas veces habla el hombre con palabras sin sabiduría, y le hace un resumen detallado con medidas y bases, desde un ángulo científico, geográfico, cósmico, ambiental, climatológico, biológico, botánico, astronómico, explicándole lo que es la brontologia, la zoología, y las reglas que El estableció como omnipotente sobre todo ello. De su existencia como Dios eterno, invencible e incuestionable, Job 40:2. En el Salmo 23:4 David expresa la gran confianza que tenía en Dios.

Desde que somos niños y encaminados en los servicios de la Iglesia nos enseñaron los Diez Mandamientos, a amar a Dios sobre todas las cosas, el temor a Dios, el respeto a su obra y las grandes cosas que Él ha hecho, a medida que fuimos creciendo, comenzó el Espíritu Santo a tratar con nuestro corazón y hablarnos de distintas maneras, unas veces por su palabra, otras directamente a nuestro corazón y en un sin número de ocasiones a través de su Espíritu usó a unos de sus siervos para contarnos de su llamado a lo cual el corazón nos brinca o se nos compunge cuando el Espíritu de Dios usa a alguien en el don de la profecía o ciencia y nos dice lo que el Señor quiere de nosotros.

Recuerdo la experiencia de esta niña que cada sábado se reunía en la tarde en casa de una Misionera que daba clases de extensión Bíblica, ella buscaba los niños del barrio, cantaban, testificaban, oraban y luego les daba dulces y regalos para motivarlos a regresar, un sábado mientras oraban se comenzó a sentir la presencia de Dios a través de su Espíritu de una manera gloriosa, fuera de lo común, el Señor usó a la hermana Misionera y la llevo directamente donde esta niña y le dijo el Espíritu de Dios, "veo un cofre y ese cofre está lleno de un tesoro y piedras preciosas para ti". Aquella palabra de Dios quedo grabada en el corazón de aquella niña. Al pasar los años aquella muchacha pudo ver como Dios comenzó a obrar en su vida y a hacer de ella una gran predicadora y adoradora hasta llevarla al pastorado.

En una ocasión se celebraba una Campaña de niños y juveniles y la líder había invitado a una juvenil a predicar, la cual llego con su madre a este compromiso. Cuando ella terminó de predicar su madre le pidió una participación y señaló a una juvenil rebelde que estaba sentada en la parte atrás de las bancas del Templo. Esta muchacha vivía una vida oculta de pecado y rebeldía por causa de la falta de amor y el maltrato que recibía de su padre, pero eso solo lo sabía a plenitud el Espíritu de Dios. Cuando la madre de la predicadora le dijo "joven pasa al frente" la muchacha se asustó y pensó que Dios la iba a reprender y castigar, sin embargo, fue sorprendente cuando en ciencia aquella mujer comenzó a describir el gran dolor que había en el corazón de aquella tierna jovencita que muchos la despreciaban, pero Dios le mostró todo lo contrario. Cuando Dios comenzó a traerle palabras de amor, dulzura, aliento y hablarle de las maravillas que Él iba hacer con ella, aquella muchacha cayó de rodillas ante el altar llorando y recibiendo consuelo de parte del Dios amoroso.

Dios siempre habla de su llamado y nos emociona saber que Él cuenta con sus hijos e hijas, que tienes propósitos gloriosos con todo el que se ponga en sus manos y se someta a su palabra divina. Pero el llamado tiene unas consecuencias, como habla David en el Salmo 23:4, unos valles de sombra y de muerte, sufrimientos, un lado oscuro y sombrío que no todo el mundo habla de ello. Es por eso que en este trabajo yo deseo hablar de la experiencia que vivieron algunos hombres que Dios uso poderosamente pero que también sufrieron consecuencias extremas, procesos dolorosos, debilidades y tentaciones fuertes, aunque nunca Dios los dejó solos. El llamado tiene momentos de muerte y momentos de vida, momentos de alegría y momentos de tristeza, momentos de acompañamiento y momentos de soledad, momentos de honra y momentos de menos honra, momentos de fortalezas y momentos de falta de energía, hay días de ánimo y hay días de desánimo también, más Dios fue quien lo hizo, quien lo confirmó, aprobó y quien lo respaldará siempre.

PERFILES BÍBLICOS

Desarrollo

El significado de Salmos denotaba primariamente un tañer o pulsar con los dedos, luego un cantico sagrado acompañado con un salmo. *Psalo* significa puntear o rasgar, y luego tañer un instrumento de cuerdas con los dedos, cantar con un arpa, cantar salmos, según Vine en su interpretación. En el Salmo 23, que se considera un salmo mesiánico, David describe al Señor como pastor, pero también describía su propia experiencia, ya que él tuvo la oportunidad de pasar sus primeros años de vida y juventud al cuidado de las ovejas de su padre Isaí de Belén (I Samuel 16:10-11). David era el menor de ocho hermanos. Por experiencia propia puedo imaginarme a David con su arpa, mientras descansaba en momentos dados, cantarle y componerles salmos a Dios. Pero quiero enfocarme en el verso 4 de este salmo que dice:

> "Aunque ande en valle de sombra de muerte, no temeré mal alguno, porque tu estarás conmigo; Tu vara y tu cayado me infundirán aliento."

Un valle tiende a ser un terreno llano de nivel más bajo que lo que le rodea. Es una llanura entre montañas y alturas. El que ha ido a Arizona, E.U. y ha visitado Montezuma, esta gran montaña ubicada cerca de la base militar Huachuca y se ha dado a la tarea de subir esta gran montaña, sabe que cuando llega a la cima, tiene el privilegio de ver un gigantesco e inmenso valle, impresionantemente bello, donde uno puede similar una vez más la grandeza de la creación del Creador. Es super amplio, rodeado de montañas y pareciere que no tiene fin. El salmista tuvo este tipo de experiencia, sabia de lo que hablaba cuando menciona el valle de la sombra y la muerte. Tú no puedes darte cuenta si en las montañas están tus enemigos escondidos o si simplemente están entremetidos en la tierra, escondidos en medio de la oscuridad, sin luz, sin brújula, sin laser para poder identificarlos y defenderte, sin embargo, ellos lo que quieren es hacerte daño desprevenidamente cuando pases, o no vas a poder ver el tipo de víboras o animales feroces que te esperan para devorarte o morderte. Si hay sombras, todo se ve igual, se hace difícil diferenciar las imágenes por la falta de luz, inclusive la claridad de la luna y las estrellas podrían darle una imagen opaca a ciertas cosas que podrían hacerte ver algo que realmente no es o no está ahí. Es como una aparición fantasmagórica de la imagen de una persona ausente o difunta. Y el valle es inmenso, tu visión no te alcanza para poder definir con claridad, así como lo expresa David en el Salmo 23:4.

La muerte es la ausencia o el fin de la vida. Es el acto de matar una persona. Esta se origina como consecuencia de la imposibilidad orgánica de sostener el proceso homeostático. Viene del origen latín "mars" o "mortis". Las causas de la misma podrían ser enfermedades, suicidio, homicidio o algún trauma. Existe la muerte natural que es producida por una patología o enfermedad, por ejemplo, un tumor canceroso o una enfermedad infecciosa. Esta la muerte cerebral que es caracterizada por perdida de las funciones cognitivas y clínicas del cerebro, ejemplo de esta es la encefalitis craneal, la contusión cerebral, una sepsis crónica o una hemorragia craneal, entre otras. Por ultima, la muerte súbita, es la que viene de repente e inesperada, ejemplo una arritmia cardiaca, un accidente automovilístico entre otros procesos. Vale mencionar que cada mujer u hombre de Dios de una manera u otra, cuando es llamado por Dios y acepta esta responsabilidad, se identifica con estos procesos o sentimientos similares a estos siervos que voy a describir en este trabajo investigativo.

Abraham

Era de Ur de los caldeos e hijo de Tare, nació alrededor del 2166 a.C. en tierra de UR de los Caldeos, una ciudad portuaria al sur del golfo Pérsico era un gran centro agrícola, de manufacturación de productos y de comercio, era una tierra de gran fertilidad y riqueza, se piensa que quedaba a unas doce millas del lugar donde se piensa que estuvo el Edén.

Abram tenía que dejar su tierra y su parentela para marchar a una tierra que Dios le mostraría. Su llamamiento (Gen. 11:31; 12:1): El Señor le dijo "hare de ti una nación grande, te bendeciré, engrandeceré tu nombre, serás bendición, bendeciré a los que te bendijeren, a los que te maldijeren maldeciré y serán benditas en ti todas las familias de la tierra. Al entrar a Egipto le dijo a su esposa Saraí que dijera que era su hermana por temor a que lo mataran, Dios le dijo que saliera de su tierra y parentela, pero se llevó a su sobrino Lot con todos sus bienes y tuvieron contienda entre los pastores, los ganados y por ello tuvieron que separarse, Lot se fue a la llanura hasta Sodoma y Abraham acampo en la tierra de Canaán. A Abraham le fue difícil creer en la promesa de Dios cuando le dijo que iba a tener un hijo ya a una edad avanzada y cuando su esposa le dijo que tuviera hijo con su sierva, así él lo hizo no esperando y confiando en lo que el Señor le había dicho (Genesis 16:3), y esto le trajo las consecuencias de tener a Ismael, hijo de la concubina Agar a lo que trajo conflictos entre Saraí y ella e Ismael, por ello Abraham tuvo que decidir entre el hijo de la promesa que era Isaac y echar fuera a Ismael junto a Agar de sus tierras lo cual fue una decisión difícil y triste para Abraham quien amaba a su hijo Ismael. Abraham trato de resolver los problemas por su propia cuenta y trato de culpar a los demás de sus propias faltas, mintió más de una sola vez por miedo a ser muerto y perder lo que tenía materialmente. Como hombre tuvo miedo y se equivocó, desconfió y se apresuró. Un momento bien difícil para Abraham fue cuando Dios le pide que sacrifique a su hijo Isaac, luego que Dios se lo había dado en su vejez y ya el muchacho criado, el Señor prueba la fe y la lealtad de este hombre a lo cual el obedeció. Puedo imaginar a este siervo de Dios caminando quizás tembloroso y pensativo, con montones de batallas en su mente, camino al monte del sacrificio mientras Isaac le preguntaba dónde está el animal para el holocausto, ¡que duro tuvo que haber sido este momento para Abraham e Isaac!

Moisés

Levita y de la familia de Coat de la casa de Amram, era hijo de Jocabet, el gran caudillo y legislador de los hebreos, para que no lo mataran por causa de la orden del Faraón, su madre lo escondió durante tres meses en su casa, pero no pudiendo más lo puso en un arca hecha de juncos, hermetizándola con asfalto y brea y la puso entre los juncos en el rio Nilo donde lo encuentra la hija del Faraón cuando fue a bañarse, al descubrirlo le dio lastima, es cuando María la hermana de Moisés interviene y le sugiere a la princesa conseguirle una nodriza que lo cuidara, que realmente era su verdadera madre, la cual lo cuido más o menos hasta los tres años de edad luego el niño pasa donde la princesa quien lo adopta y le da el nombre de Moisés y lo cuida hasta ser adulto. Moisés recibió una educación aristocrática y fue instruido en toda la sabiduría de los egipcios. Luego del accidente donde Moisés vio que un egipcio golpeaba a un hebreo y defendiéndolo mata el egipcio, al ser descubierto tuvo que huir. Cuando Jehová lo llama le dijo a Dios que no sabía hablar (Éxodo 4:15), cuando peleo Israel contra los amalecitas sus manos se cansaron (Exodo 17:12), se preocupaba demasiado por el pueblo y los escuchaba desde la mañana hasta la tarde, tratando de cumplir con su labor, pero era demasiado para él (Exodo 18:18), entonces Jetro le dio unas recomendaciones administrativas para su beneficio y del pueblo. Estuvo en el Monte Sinaí con Dios sin comer ni beber agua durante cuarenta días y cuarenta noches escuchando la voz y las directrices de Jehová, organizó y preparo al pueblo de acuerdo a como Dios le había dado las instrucciones, en un momento dado se sintió cargado, cansado, turbado y le pidió a Dios la muerte (Núm. 11:11-15), fue criticado por su hermano Aaron y hermana María (Núm. 12:1), no le creyó a Dios cuando le dijo que le hablara a la peña si no que la golpeó dos veces, estaba molesto de las quejas de Israel (Núm. 20:12), no pudo entrar a la tierra de Canaán, pues fue rebelde al mandato de Dios en el desierto de Zin (Núm. 27:14), no pudo cruzar el Jordán porque Jehová se había enojado contra él a causa del pueblo de Israel, solo pudo ver la tierra desde el monte Pisga (Deut. 3:26-27).

José

Fue hijo undécimo de Jacob y el primogénito de Raquel, nació en Padan-aram (Mesopotamia), su historia ocupa los capítulos 37 al 50 del libro de Genesis. Fue envidiado y menospreciado por sus hermanos, quizás porque su padre lo amaba demasiado, para ellos era alguien sin mucho valor que se creía superior a ellos lo cual no era así, José tuvo dos sueños que sus hermanos lo malinterpretaron, y un día su padre lo envió donde sus hermanos que al verlo decidieron meterlo en una cisterna con el fin de matarlo, pero luego aprovecharon la oportunidad de venderlo a unos mercaderes ismaelitas que pasaron cerca del lugar que ellos se encontraban y lo vendieron como esclavo, sin sentir preocupación ni dolor por los sentimientos de José, luego mercadeado en Egipto, olvidado por su familia, siendo un muchacho joven e inexperto de la vida paso a ser el jefe de uno de los grandes, Potifar oficial de Faraón, capitán de la guardia de Egipto, pero aun allí fue acosado por la esposa del mismo, a lo cual José huyo porque siempre mantuvo su integridad y temor a Dios. Fue puesto preso injustamente, cuantas noches de miedo y pensar vivió este hombre joven sin ser un criminal, ni malo, pero aun allí Dios lo puso en gracia, en la cárcel le interpreto unos sueños a dos sirvientes del Faraón, y luego que se cumplieron esos sueños y salieron de allí, se olvidaron de José, pero sucediendo que el Faraón tuvo un sueño que lo traumatizó, el copero se acordó de que José interpretaba sueños y lo enviaron a buscar, interpretándole al Faraón su sueño, cayó en gracia y fue puesto segundo en Egipto en autoridad (Génesis 37-45). Dios lo capacitó y lo puso en alto, de pastor paso a ser esclavo, convicto a gobernador, aun así, lejos de su familia y extrañando a su padre Jacob, cuando por el hambre logra reencontrarse con sus hermanos que no lo reconocieron, su corazón se compungió fuertemente y lloro amargamente en privado y luego se descubre ante ellos y los perdona, los recoge y los alimenta y cuida, sabiendo que lo traicionaron, despreciaron, rechazaron y maltrataron. Perdió gran parte de su vida sin su padre y sus hermanos, más él no les guardo rencor ni odio. Sin embargo, él tuvo que pasar por todo esto para preservar la vida de su familia. Muchas veces hay que perder para ganar, hay que menguar para crecer, no podemos ser vencidos de lo malo, sino vencer con el bien el mal.

Sansón

Nació en Zora, era hijo de Manoa de la tribu de Dan, era Nazareo dedicado a Dios desde su nacimiento por tanto no podía beber vino ni sidra ni pasar navaja sobre su cabeza, ni comer cosa inmunda. Dios lo iba a usar para salvar a Israel de mano de los filisteos. Cuando creció, el Espíritu de Jehová comenzó a manifestarse en él (Jueces 16). Mientras se mantuvo honrando a Dios y guardando lo que Dios había dicho por su ángel, el Señor le dio una fuerza poderosa y no había animal ni enemigo o ejercito que no pudiera vencer. Lamentablemente en muchas ocasiones violo su voto y las leyes de Dios, la sensualidad lo controló, confió en la gente equivocada y utilizó neciamente sus dones y habilidades. Sansón se confió en sí mismo y de sus fuerzas, se enamoró de la persona no correcta. Cuando una persona se enamora el corazón cambia y la vida entera ya no la vez igual. Tus sentimientos se comprometen y te dominan, somos débiles ante ese sentimiento tan fuerte, ingenuos muchas ocasiones y sufrimos. Te debilitas emocional y sentimentalmente. En el caso de Sansón como hombre al fin sus enemigos estaban buscando la manera de destruirlo porque al así hacerlo podían controlar y dominar a Israel. Pero se descuidó y confió en sí mismo y comenzó a jugar con la sensualidad y sus debilidades al enamorarse de Dalila, su corazón le falló, como hombre se sumergió en un juego del que no pudo salir, su amor y atracción por Dalila fueron más fuerte que su compromiso delante de Dios, me parece que no lo valoró como aquel que desde antes de nacer fue escogido por Dios. Los sentimientos y la carnalidad, las pasiones y deseos muchas veces nos ciegan y también el cansancio. Es entonces cuando cae y es torturado, burlado y llevado preso hasta que se humilla ante Dios y le pide una vez más sus fuerzas para vengarse de sus enemigos, los filisteos, Dios en su misericordia lo escucha y le responde. Todo este descuido le costó a Sansón inclusive la vida. No sabemos a plenitud cuantas cosas más tenía Dios para él, sin embargo, se acortó el plan.

David

Hijo menor de Isaí de Belén de Judea y el menor de ocho hermanos, siendo un joven que pastoreaba las ovejas de su papá, Dios envió al profeta Samuel a ungirlo como el próximo rey de Israel (I Samuel 16:12-13). El país estaba en crisis debido al rey que habían elegido. El rey de Israel Saúl había comenzado a ser perturbado emocionalmente al venir sobre él un espíritu malo y comenzó a sentir celos de David. Una de sus primeras situaciones difíciles comenzó cuando el rey Saúl de Israel dejó de mirarlo con buenos ojos a causa del cántico de las mujeres de Israel que lo halagaban porque David con valentía se enfrentó y venció al gigante Goliat (I Sam. 17). Saúl trató de alejarlo de él hasta ver que Jehová estaba con el joven y que aun Mical, hija del rey lo amaba, desde ese entonces Saúl fue enemigo de David todos los días y en varias ocasiones trató de matarlo (I Samuel 18:28-29). David experimentó el miedo, el acecho, la soledad, el alejamiento de su familia, el tener que huir por no pecar haciéndole daño al rey, en un momento dado se hizo el loco en la tierra de Gat frente al rey Aquis y su gente por temor a su vida (I Sam. 21:13-15). Luego que ya estaba establecido con un reinado de paz y el poder de la nación, su vida personal se enreda en pecado hondo y profundo cuando comete adulterio con Betsabé, mujer de Urías heteo uno de los siervos de su ejército y es cuando luego de esta quedar embarazada de David, planifica que Urías duerma con Betsabé para poder responsabilizarlo de que el hijo que ella esperaba pareciera de Urías, y al este no ceder si no ser leal a David y a Israel, el rey envía una carta a Joab que estaba al frente del ejército en la guerra, diciéndole que pusieran a Urías al frente, en lo más recio de la batalla, para que fuese herido y muriera.

David abandonó su propósito de estar en la batalla como rey, se enfocó más en sus deseos, pecó deliberadamente, traicionando a otro trató de encubrir su pecado y cometió asesinato premeditado. Pudieron haber sido muchas las razones por las cuales David cayó en semejante situación siendo un hombre llamado y elegido por Dios para llevar a cabo su llamado, dentro del lado sombrío de su ministerio vivió el descuido en su relación con Dios, el conformismo, la grandeza, se confió mucho en sí mismo y su poder, el cansancio, la fatiga, el querer algo más, el óseo, quizás estaba afligido, decepcionado, frustrado, pensativo y muchas otras cosas, como le sucede a muchos ministerios hoy día. Pero cuando el profeta Natán lo confronta con el mensaje que Dios le dio donde le dijo que tuvo en poco la palabra de Jehová y menosprecio al Señor, fue que el rey David se humilla ante Dios en ayuno y oración, pidiendo y clamando a Dios por misericordia, reconociendo el gran mal que había hecho y las consecuencias que iba a recibir por ello (2 Sam. 11 y 12).

Elías

Fue llamado a desempeñar su ministerio durante el reinado de Acab y Jezabel, se apedillaba "el Tisbita" y era de Galaad. Aparece en escena cuando Acab bajo la influencia de su esposa Jezabel, se convirtió en un adorador del Baal de Tiro y es cuando profetiza una sequía de tres años (I Reyes 17:1), era hombre de oración que habitaba en las cuevas o en los montes apartado para Dios. Cuando profetizó en varias ocasiones lo hizo con una seguridad y autoridad que solo el Señor le había otorgado y Elías la sabia usar. Fue el profeta más famoso y dramático de Israel, fue usado por Dios en Sarepta en la costa mediterránea al norte de Tiro, resucitando al niño de la viuda que allí vivía que por ella darle de comer lo único que tenía al profeta, Dios le multiplico el aceite y la harina. Fue el profeta que representó a Dios en una prueba con los sacerdotes de Baal y Asera, donde clamo a Jehová y Él le respondió con fuego desde el cielo, mostrando su poder y llevando al pueblo a reconocer que Jehová era el verdadero Dios, y luego de este acto degolló a los falsos profetas que invocaban a Baal en el arroyo de Cisón (I Reyes 18).

Elías bajo la autoridad de Dios no temía, era firme y valiente, confrontante, decidido y celoso por Dios, sabia escuchar la voz de Dios y transmitir su mensaje al rey, al pueblo, a los profetas de Baal. No era un profeta de un ministerio monótono o aburrido, la mano de Jehová estaba con él (I Reyes 18:46). Pero luego que sucedieron todas estas cosas poderosas e impresionantes, el rey Acab le cuenta a su esposa Jezabel y esta le envía una carta amenazando a Elías con hacerle lo mismo que le había hecho él a los profetas de Baal, ella no podía controlar al hombre elegido por Dios y estaba furiosa con él. Fue entonces cuando Elías toma la decisión de irse para salvar su vida pensando que ahora estaba más solo que nunca antes, que solo él era el único profeta que quedaba vivo. Aquí vemos a Elías humano cansado comienza a pasar por el valle de la sombra y de la muerte como David describe en el Salmo 23:4, intensamente fatigado en extremo y turbado, estaba débil tanto físico como emocional y le pide a Dios que le quite la vida, pero Dios lo que hace es que le envía un ángel que lo despierte y le dice levántate, come y bebe porque largo camino te resta (I Reyes 19:5-7). El Señor le permitió dormir y descansar, alimentarse y refrescarse, pero le rectifica que tenía que seguir. Aquel alimento le fortaleció por cuarenta días y cuarenta noches mientras caminó hacia el monte Horeb y allí se metió en una cueva con su depresión.

Este hombre representa a todo aquel que en un momento dado es usado por Dios poderosamente, que es atrevido al llamado, que bajo la unción resucita muertos, sana los heridos, obra milagros terribles y se gasta del todo, que hace esto y aquello, que recibe palabra fresca y revelación divina, pero luego le llega ese momento difícil de cansancio y quemazón, de dolor o enfermedad que no sabe manejar y se turba, donde todos lo abandonan y su familia no le entiende, que comienza a preguntarse tantos porque, que no haya una respuesta a su situación y desea salir corriendo, huir, abandonarlo todo, el momento donde no sientes a Dios y sientes ese único vacío indescriptible, donde tu mente comienza a cuestionarse tantas cosas y la gente no puede comprenderte pues la mayoría espera más y más y más de ti, viéndote como el super héroe. Es cuando nos encerramos en nuestras cuevas y vamos corriendo sin saber por qué, es cuando se comienza a sentir ese impacto que te arropa la vida entera y sientes la muerte tan cerca de ti, o la falta del deseo de vivir, es como si sintieras que hay un gigante frente a ti que te está haciendo resistencia y tú no puedes con él, que tratas de manejar la situación conforme a tus capacidades, pero no son suficiente. Recuerdo la experiencia de aquella dama, que era pastora y la iglesia estaba en bendición pero llego el ataque del enemigo y ella estaba sintiendo un deseo poderoso de acercarse más a Dios y se encerraba en su cuarto a orar mientras el Espíritu Santo le ministraba día a día, pero cuenta ella que cuando iba de su cuarto a la sala o a la cocina de su casa, sentía y podía ver en el espíritu, como un ser demasiado gigante y fuerte le hacía resistencia y ella chocaba con el pero no podía enfrentarlo pues ella estaba débil y enferma. El diablo se aprovecha de nuestras debilidades, de nuestros sentimientos, de nuestra condición de salud y nuestros temores para limitarnos, para desenfocarnos y para desarmarnos. Él siempre está velando y siguiéndonos y en el momento más sensible o sensitivo nos ataca con todas las de él para acabarnos y sacarnos de carrera. En el caso de Elías a quien el enemigo uso fue a Jezabel, una mujer diabólica y pagana que no temía a Dios.

Job

El autor del libro de Job es desconocido, aunque se han sugerido los nombres de Moisés, Salomón o Eliú. Su fecha es alrededor de 2000-1800 a.C. Su historia ocurre en tierra de Uz, probablemente cerca de Palestina, entre Damasco y el rio Éufrates. En la biblia hebrea se le reconoce como el primer libro poético y para la historia bíblica en general se cree que es uno de los libros más antiguos pues hace alusión a hechos históricos como las pirámides (Job 3:14), las ciudades de la llanura (Job 15:28) y el diluvio (Job 22:14). Fue un hombre prospero en la ganadería, tenía miles de ovejas, camellos y ganados, sirvientes y una familia grande. Tenía prestigio y posesiones. Era un hombre rico, el hombre más grande de todos los orientales de su época. Hacia oración constante y presentaba holocaustos por los pecados de sus hijos para que Dios tuviera de ellos misericordia, era perfecto y recto, temeroso de Dios y apartado del mal (Job 1:1-5). Sin embargo, en el cielo Dios y Satanás tienen una conversación sobre la integridad de Job. El diablo lo acusaba de que servía a Dios solo por dos razones: Porque Dios le había dado muchas riquezas y porque Dios le había dado una buena salud. El enemigo estaba seguro de que, si Dios le quitaba estas dos cosas, Job lo blasfemaría (Job 1:9-11). Dios le autoriza al diablo tocar a Job, pero no su vida y es cuando comenzaron sus terribles pruebas. Aquí comienza el valle de sombra y de muerte para la vida de Job que menciona David en el Salmo 23:4. La primera prueba de Job fue cuando los sabeos le quitaron sus bueyes y asnas y matan a los criados que trabajaban la tierra, luego sus ovejas y pastores son consumidos con fuego, también unos escuadrones de caldeos incursionan en el territorio, le roban los camellos y matan a los criados, además sus hijos perecen a consecuencia de un fuerte vendaval que abatió la casa donde se encontraban y por último Job mismo cae víctima de una terrible enfermedad considerada en aquellos tiempos muy nauseabunda y dolorosa. Esta enfermedad pudo haber sido lepra o Enfermedad de Hausen, causaba por el bacilo Mycobacterium leprae, provoca ulceras cutáneas, daño neurológico, sensación de hormigueo en las manos y en los pies y debilidad muscular que empeora con el tiempo. Esta enfermedad pudo haber estado mezclada con elefantiasis, síndrome caracterizado por el aumento enorme de algunas partes del cuerpo, especialmente de las extremidades inferiores y de los órganos genitales externos, según la Real Academia Española.

Este hombre lo perdió todo incluyendo su familia, un valle de sombra y de muerte como lo dice David en el Salmo 23:4, su mujer le dijo maldice a tu Dios y muérete, o sea ella perdió la confianza, el amor y el cariño por Job y el temor a Dios, sus amigos en vez de consolarle lo que hicieron fue sermonearle, acusarle y juzgar su integridad, su cuerpo se pudrió y se quedó solo, angustiado, triste, abandonado, reprochado, menospreciado, enfermo, apestoso como un vagabundo sin valor para la sociedad que en múltiples ocasiones el ayudó. A veces no entendemos el porqué de las cosas que nos suceden, ni tampoco cual es el fin. Job quería encontrar las respuestas para todo lo que le había pasado y conocer a Dios, en un momento no quiso haber nacido y deseo estar muerto, perdió las esperanzas y a pesar de todo confió en Dios (Job 3:3-11).

Jeremías

La fecha de su ministerio fue durante 627-586 a.C. y su mensaje fue dirigido a Judá. El profeta se crio en la ciudad sacerdotal de Anatot y era hijo del sacerdote Hilcías y el Señor lo separó desde antes de nacer y no permitió que se casara ni tuvieras hijos, lo uso en profecías para amonestar al pueblo y reyes acerca de su pecado y advirtiéndoles del castigo que les esperaba, a lo cual recibió severa oposición, persecución, desaliento, humillaciones, azotes, cárceles, tensiones, dolor y soledad (Jer. 1). El Señor le dio poder para arrancar y destruir, arruinar y derribar, pero también para edificar y plantar. Sus primeros oponentes fueron los hombres de Anatot, su ciudad natal que amenazaron con matarle, fue humillado por sacerdotes y lideres, golpeándole y poniéndole en el cepo, una trampa de madera y hierro que se utilizaba para atrapar animales donde quedaban inmóviles, un tipo de castigo humillante donde lo dejaban casi desnudo, sin movimiento, cogiendo sol y sereno, frio y calor mientras la gente pasaba, lo miraban y se burlaban de él (Jer. 20). Luego bajo el reinado de Sedequías, estando Jeremías preso sus enemigos pidieron su muerte poniéndolo en una cisterna sucia, que ya era un calabozo embarrado y allí se hundió en el cieno (Jer. 38:6), pero de allí fue sacado por Ebed-melec un etíope que tuvo compasión del profeta y carisma (Jer. 38:7-13).

Jeremías era un hombre maduro espiritualmente y muy valiente, fue dedicado completamente a lo que Dios le había encomendado, a pesar de su duro mensaje en su intimidad lloraba mucho por su pueblo. En momentos pasó por una depresión terrible y lo expreso al sentirse escarnecido y burlado por tantos que aun maldijo el día que nació, el día que su madre le dio a luz no quería que fuese bendito, maldijo el hombre que dio nuevas a su padre de que varón le había nacido, dijo "porque no me mato en el vientre". No tenía una esposa que lo consolara o lo animara o dialogara con él, ni unos hijos con quien disfrutar o le diera algún tipo de aliento. Se sintió débil, solo, decepcionado y cabizbajo, o sea, que en su humanidad se desesperó, se entristeció y explotaron sus emociones, era susceptible y sensible como los demás, es cuando pasa por el valle de la sombra y de la muerte que habla David en el Salmo 23:4.

Dentro del llamado se pasan por muchas situaciones y procesos, lo hemos visto en las historias de los hombres que describí anteriormente. Se pasan por etapas como las que voy a describir a continuación

SOLEDAD, DEPRESIÓN, PÁNICO

Soledad

Se le llama soledad crónica cuando hay sentimientos de aislamiento social y duran por un tiempo prolongado y se caracteriza por sentir el deseo constante y continuo de alejarse o separarse de las demás personas a tu alrededor y la incapacidad de conectarte con ellos, puedes sentir sentimientos de inseguridad, baja estima o ansiedad. Según la Real Academia Española es la carencia voluntaria o involuntaria de compañía, un pesar y melancolía que se siente por la ausencia, muerte o perdida de alguien o de algo. Es el deseo de no querer conectarte con nada o nadie, de vivir la vida solo o sola, quizás porque te has sentido traicionado o traicionada debido a la decepción que has recibido y el deseo de volver a luchar se te va. Pero al alejarte a una esfera de soledad pueden desarrollarse cambios que te pueden afectar y hundirte más como la tristeza, el abandono, la lucha mentar y espiritual que cada ser humano tiene en sí cada día. Según el CDC "Centros para el Control y la Prevención de Enfermedades"

"La soledad y el aislamiento social en los adultos mayores son un riesgo grave de salud pública que afecta una cantidad significativa de personas en los EE. UU., y las pone en riesgo de presentar demencia y otras afecciones graves. Un nuevo informe external icon de las Academias Nacionales de Ciencias, Ingeniería y Medicina (NASEM) indica que más de una tercera parte de los adultos de 45 años o más se sienten solos, y se considera que casi una cuarta parte de los adultos de 65 años o más están socialmente aislados. Los adultos mayores están en mayor riesgo de soledad y aislamiento social porque es más probable que enfrenten factores como vivir solos, perder familiares o amigos, tener enfermedades crónicas y pérdida auditiva".

Riesgos de la soledad para la salud

Aunque es difícil medir el aislamiento social y la soledad de manera precisa, existe una fuerte evidencia de que muchos adultos de 50 años de edad o más están socialmente aislados o se sienten solos en maneras que ponen en riesgo su salud. Unos estudios recientes hallaron lo siguiente:

- El aislamiento social aumenta significativamente el riesgo de una persona de morir prematuramente por todas las causas, un riesgo que podría rivalizar con el del tabaquismo, la obesidad y la inactividad física.
- El aislamiento social se asoció a un aumento de casi el 50 % del riesgo de demencia.
- Las relaciones sociales escasas (caracterizadas por el aislamiento social o la soledad) se asociaron a un aumento del 29% del riesgo de enfermedad cardiaca y a un aumento del 32% del riesgo de accidente cerebrovascular.
- La soledad se asoció a mayores tasas de depresión, ansiedad y suicidio.
- La soledad en los pacientes con insuficiencia cardiaca se asoció a un riesgo de muerte casi 4 veces mayor, a un aumento del 68% del riesgo de hospitalización y a un aumento del 57% del riesgo de visitas a la sala de emergencias.

Según el periódico EL PAIS, periódico global de España en su sección de Salud y Bienestar de enero 10 de 2023 publicado por Jessica Mouzo, la soledad y el aislamiento social ya se consideran problemas de salud pública global y, para muchos expertos, también **"una epidemia"**. Aunque es difícil medir su dimensión real.

Un documento de 2021 de la Organización Mundial de la Salud (OMS) aseguraba que entre el 20% y el 34% de las personas mayores en China, Europa, América Latina y los Estados Unidos se sienten solos. Otra investigación publicada este año en la revista British Medical Journal encontraba, a pesar de una considerable ausencia de datos, una prevalencia variable por regiones del mundo y grupos de edad: en adolescentes, variaba del 9.2% en el sudeste asiático al 14.4% en el Mediterráneo oriental; en adultos europeos, la prevalencia más baja estaba en el norte (del 3% en adultos jóvenes al 5.2% en los más mayores) y la más alta, en Europa del este (7.5% en los más jóvenes y por encima del 21% en los ancianos).

La soledad es parte de ese gran valle de sombra y de muerte que pasan los hombres y mujeres de Dios dentro del ministerio, pero como dijo David en el Salmo 23:4: "No temeré mal alguno"

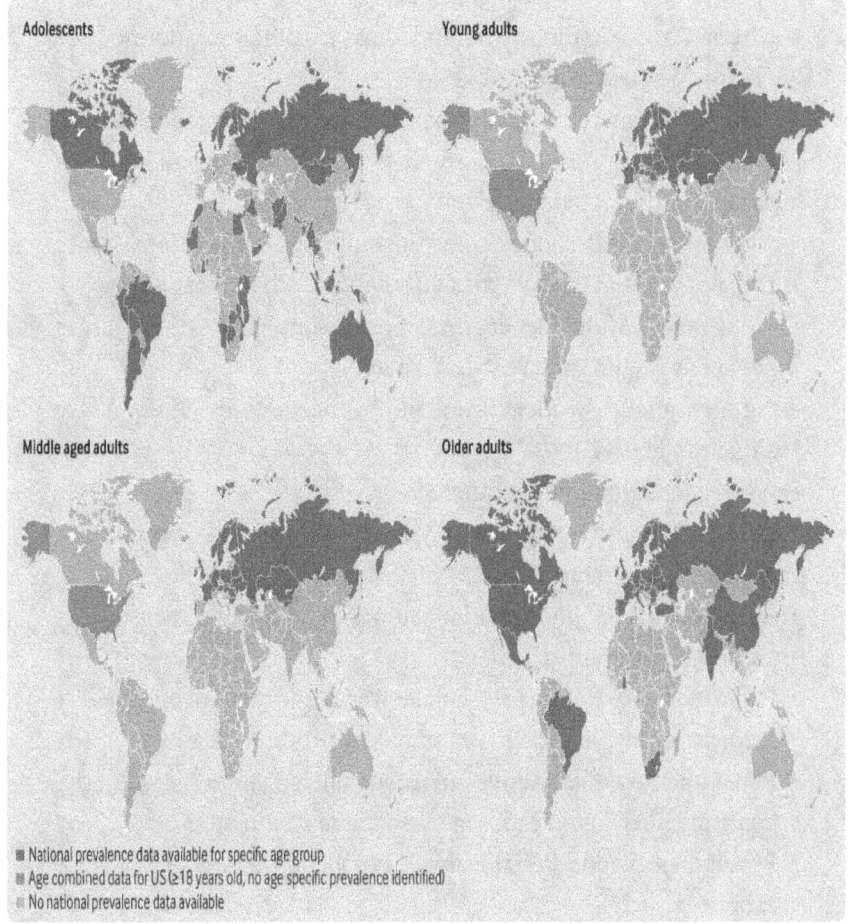

Depresión

Según el Dr. Craig Sawchuk psicólogo clinico de Mayo Clinic, la depresión es un trastorno emocional que causa un sentimiento de tristeza constante y una pérdida de interés en realizar diferentes actividades. También denominada "trastorno depresivo mayor" o "depresión clínica", afecta los sentimientos, los pensamientos y el comportamiento de una persona, y puede causar una variedad de problemas físicos y emocionales. Es posible que tengas dificultades para realizar las actividades cotidianas y que a veces sientas que no vale la pena vivir.

Síntomas

- Sentimientos de tristeza, ganas de llorar, vacío o desesperanza
- Arrebatos de enojo, irritabilidad o frustración, incluso por asuntos de poca importancia
- Pérdida de interés o placer por la mayoría de las actividades habituales o todas, como las relaciones sexuales, los pasatiempos o los deportes
- Alteraciones del sueño, como insomnio o dormir demasiado. Hay personas que pasan días en su cuarto sin querer salir
- Cansancio y falta de energía, por lo que incluso las tareas pequeñas requieren un esfuerzo mayor
- Falta de apetito y adelgazamiento, o más antojos de comida y aumento de peso
- Ansiedad, agitación o inquietud
- Lentitud para razonar, hablar y hacer movimientos corporales, ponen vaga la mente
- Sentimientos de inutilidad o culpa, fijación en fracasos del pasado o autorreproches
- Dificultad para pensar, concentrarse, tomar decisiones y recordar cosas, les afecta sus trabajo y productividad
- Pensamientos frecuentes o recurrentes sobre la muerte, pensamientos suicidas, intentos suicidas o suicidio
- Problemas físicos inexplicables, como dolor de espalda o de cabeza

La Organización Mundial de la Salud o OMS escribió la siguiente información el día 13 de septiembre de 2021

Datos y Cifras

- La depresión es un trastorno mental común. Se estima que en todo el mundo el 5% de los adultos padecen depresión.
- La depresión es la principal causa mundial de discapacidad y contribuye de forma muy importante a la carga mundial general de morbilidad.
- La depresión afecta más a la mujer que al hombre.
- La depresión puede llevar al suicidio.
- Hay tratamientos eficaces para la depresión, ya sea leve, moderada o grave.

La depresión puede llegar a la vida de cualquier persona, famosos o gente sencilla, profesionales o gente sin preparación, lideres de naciones o ejércitos, pastores y siervos de Dios en general. Cuantos soldados luego que terminan su entrenamiento o salen de la guerra no caen en una terrible condición depresiva que los ha llevado a tener una dependencia extrema de narcóticos o del uso del alcohol hasta abandonarse o alejarse de la sociedad y sus familias. Cuantas personas que un día fueron gente productiva y baluartes hoy día viven en las calles o en los montes como deambulantes debido a que en un momento dado no supieron manejar los momentos oscuros que llegaron a sus vidas, no los supieron enfrentar.

Muchos ministros no han sabido prepararse para su retirada del ministerio, no han sabido planificar con tiempo y se han encontrado en una condición de desesperación, depresión y tristeza sin saber que más hacer luego que salen de alguna gran posición ministerial, otros, sin embargo, aunque estén ya cansados y extenuados siguen sin siquiera ya sentir a plenitud el llamado de Dios. Pero aun es más impactante cuando leemos noticias de pastores que por causa de la depresión en la que llevaron tiempo sumergidos se suicidaron, dejando una hermosa congregación o un aparente ministerio fructífero, quizás porque no tuvieron el apoyo correcto, o por la presión y la demanda del ministerio, o porque no supieron hacer un balance entre el llamado y su vida personal y familiar. No es solamente el área espiritual la que necesita ayuda, sino la emocional, económica, familiar, sexual y psicológica, pero muchas organizaciones se limitan a ofrecer estos tipos de servicio a sus obreros. Lamentablemente tampoco los llamados hombres y mujeres que sienten pasión por la obra de Dios y se esmeran en ello, no se atreven o no tienen la confianza de hablar de sus debilidades o luchas por temor a ser juzgados o sancionados. Por otro lado, nos enfrentamos al orgullo ministerial o el hecho de saber que se está mal o en emergencia y no buscan la ayuda, no confiesan sus temores o batallas mentales.

En el programa de televisión americana Daystar el día 16 de febrero de 2023, el ministro americano David y Pamela Mann testificaron como el siendo un hombre de Dios paso por depresión y reconoció esto y busco ayuda porque se sentía como en un cuarto oscuro, muriendo lentamente en una esquina sin saber que podía hacer, encerrado luchando solo, pero pidió ayuda y se dijo, que puedo hacer. Cuenta el que oraba y oraba hasta que le dolían sus rodillas, pero sabía que le faltaba algo más. No faltaba a los cultos, hacia lo que le correspondía, pero sentía una gran batalla dentro de él. Cuando David expresa en el Salmo 23:4 "Aunque ande en valle de sombra y de muerte, no temeré mal alguno", era porque ya él lo había vivido en su propia carne, todos esos sentimientos que traen la soledad, la depresión, el pánico, la amenaza y cuantos más. Los grandes hombres de la biblia experimentaron estos síntomas una y otra vez. Estaré hablándoles de tres síntomas que atacan los ministros y los ministerios, la soledad, la depresión y el ataque de pánico. Les adjunto unas evidencias que confirman esto que estoy hablando.

Clips de noticias de Pastores afectados por Trauma, Enfermedad Mental y Depresión.

Los Ángeles Times

Un joven pastor que predicaba sobre la depresión se suicidó; su esposa ahora quiere ayudar a otros, hablando al respecto con honestidad. Por Hailey Branson-Potts, 23 de diciembre de 2018

The Washington Post

Jimmy Swaggart y la caja del pecado. Una saga de obsesión y angustia, desarrollada en una autopista de Bayou. Por Art Harris, 24 de febrero 1988.

Los Ángeles Times

El pastor y defensor de la salud mental Jarrid Wilson muere por suicidio. Antes de su muerte, tuiteo: "Amar a Jesús no siempre cura los pensamientos suicidas". Por Roxanne Stone, Emily McFarland Miller, Alejandra Molina, 10 de septiembre de 2019

Ataques de Pánico

Según la Biblioteca Nacional de Medicina de Estados Unidos (Medlineplus.gov) el ataque de pánico es sensaciones repentinas de terror sin un peligro aparente. Es un tipo de trastorno de ansiedad donde la persona siente que está perdiendo el control y afecta aun su estado físico dando las siguientes señales:

- Latidos rápidos del corazón (taquicardia)
- Dolor en el pecho o en el estómago
- Dificultad para respirar
- Debilidad o mareos
- Transpiración
- Calor o escalofríos
- Hormigueo o entumecimiento de las manos

Estos ataques pueden darse en cualquier lugar, en cualquier momento y sin previo aviso. Casi siempre ocurre cuando una persona está sometida a mucho stress, pero esto puede empeorar o agravar la situación cuando se reciben malas noticias o se comienzan a sentir otro tipo de frustración al igual que cuando no percibes la ayuda o el apoyo de tus seres más cercanos. Este testimonio del que voy a hablarles es una viva historia que representa el valle de la sombra y de la muerte como describe el Salmo 23:4.

En una ocasión esta persona estaba comenzando un trabajo nocturno con nuevas responsabilidades y nuevas cosas que aprender, tenía gente viviendo en su casa compartiendo los gastos, y aunque eran personas adultas se sentía responsable de ellas, en su iglesia tenía una gran responsabilidad y le correspondía hacer los planes de trabajo, predicar, enseñar, educar y otras grandes tareas, pero un día tuvo un accidente que le llevo a estar imposibilitada por mucho tiempo. Comenzó a pasar por un proceso legal y médico que tenía que tomar fuertes medicamentos, estos le causaron efectos secundarios a lo que no estaba acostumbrada, pero por recomendaciones médicas-legales le tocó tomar una decisión muy fuerte, entre los médicos y el abogado le dijeron; usted tiene mucho stress y presión encima y esto no le va a ayudar a sanar, debe tomar una decisión por su bien.

Se empezó a sentir rechazada, solitaria, desconectada, sin aire, sin respiración, su pecho apretado, no podía dormir bien, la conciencia no dejaba de oprimirle al no estar plenamente segura de las decisiones que tenía que tomar pues esto le iba a costar algo que amaba mucho y era por el momento su ministerio, su trabajo, sus personas allegadas, su vida iba a darle una gran virazón. La gente más cercana comenzó a alejarse en medio de su condición, lloraba por todo, estaba muy sensible a casi todo y no sabía porque, era algo que no podía controlar y comenzó a sentir que moría, que lo más importante de su vida, aquello por lo que había tanto luchado, lo perdía, sentía que las personas con las que contaba no podían comprender lo que estaba pasando y no sabía cómo manejar la situación, al igual las entendía.

Experimentó desánimo, desaliento, indecisiones más que nunca antes, turbación, desconfianza, pereza, entonces recuerda que en medio de todo esto en una ocasión salió llorando de su cuarto con desesperación, sin casi poder respirar, con su pecho apresado y apretado y alguien le abrazo y comenzó a soltar aquello que la oprimía, estaba experimentado un ataque de pánico, pero lo más terrible es que había estado cometiendo pecado y le estaba consumiendo su relación con Dios y su crecimiento espiritual. Entonces decide confesar y enderezar su vida.

El valor del ministerio es superior a las pruebas del ministerio, no podemos amar más la obra ni el ministerio que, a Dios mismo, no se puede cambiar el amor de Cristo por otro tipo de amor, la relación de uno con Jesús es más que los amigos, que las posiciones, los títulos y el reconocimiento, las medallas, lo trofeos o el renombre y la fama, esto no te llena la necesidad de la presencia del Espíritu Santo en el alma y el corazón. Como dice la hermana Zuleyka Barreto en su himno "que nos falte todo menos su presencia, que se vayan todos menos el Espíritu Santo" .... Aprendió que en la vida es mejor perder para ganar, que hoy das, pero mañana recibes, que por un momento pasajero todo se ve oscuro y parece que no hay claridad, pero luego aparece otro día para darte esperanza y luz en el sendero, que el llamado no es tuyo, sino de Dios.

El Señor no puede obrar en el pecado, que a veces hay que detenerse y sentarse sobre una roca del camino para descansar y recuperar las fuerzas, que si no nos suceden ciertas cosas aunque al momento no las veamos justas, al pasar el tiempo el Espíritu de Dios nos va arreglando asuntos que tenemos pendientes con él, su obra y nuestra salvación, que no podemos seguir arrastrándolas porque aunque parezca que estamos haciendo bien, nos estamos haciendo un gran hoyo que va separando nuestra bendición y es ahí que nos damos cuenta de cuanta misericordia nos ha extendido el Maestro, de cuanto nos ha perdonado y de cuanto nos ama Dios. Vale mucho más la paz de Cristo que mil mundos como este, es más importante la santidad de Dios que el más jugoso y deseable sueldo que te puedan pagar, mejor que nos rechacen aquí en la tierra, pero no en el cielo.

La biblia dice en el libro de **Jeremías 6:16:** "Así dijo Jehová: Paraos en los caminos, y mirad, y preguntad por las sendas antiguas, cual sea el buen camino, y andad por él, y hallareis descanso para vuestra alma…

Proverbios 28:13 dice: El que encubre sus pecados no prosperará; Mas el que los confiesa y se aparta alcanzará misericordia. Salmos 32:5 dice: Mi pecado te declaré, y no encubrí mi iniquidad. Dije: Confesare mis transgresiones a Jehová; Y tu perdonaste la maldad de mi pecado.

Romanos 12:21 dice: No seas vencido de lo malo, sino vence con el bien el mal.

En el programa Ministry Now de la cadena de televisión Daystar el pastor Jimmy Rollins contó su experiencia de como conoció a su esposa e inmediatamente dijo: esta será mi esposa. Se casaron al tiempo y tuvieron unas semanas de felicidad hasta que comenzaron los problemas en su matrimonio. Cuenta este ministro que la iglesia iba en crecimiento, pero en su hogar no había comunicación, su esposa se envolvió en el vino y el en la comida y el trabajo en exceso, pero sabía que estaban mal. Ellos se amaban, pero no había comprensión, cada cual estaba halando para su propio punto de vista, no había quien cediera y su relación y su familia estaban afectadas pues había molestia y enojo. Cada uno de los dos estaban tomando las direcciones y decisiones incorrectas. Ellos estaban tratando de escapar de esta situación, pero no podían. Para su esposa era muy normal tomar alcohol pues donde ella nació y se crio, en Switzerland, lo usan desde muy temprana edad como una costumbre, ella comenzó a tomar vino desde la edad de diez años.

Este matrimonio comenzó a pasar por el valle de la sombra y de la muerte (Salmo 23:4) en su matrimonio, en su familia y en su ministerio. Luego de estas cosas comenzaron a pasar por la decisión de divorciarse hasta que buscaron consejería y lucharon por su matrimonio, familia y ministerio hasta que arreglaron aquellas áreas de sus vidas que tuvieron que enderezar y le permitieron al Señor y su palabra divina cambiar sus corazones y su manera de tratarse. Este hombre cambio su oración por su matrimonio y familia hasta que le permitió a Dios hacer la obra por el poder de su gracia.

Comparto esta noticia de Humberto Casanova en Noticias del Concilio de las Iglesias Metodistas Unidas, enfermedades que infectan toda la congregación, escrito por Owen, pastor de la Primera IMU de Chanute, Kansas.

10 Cosas que Matan el Ministerio

1. Cuando la iglesia tiene un hábito arraigado y no está abierta al cambio para bien

2. Cuando hay gente pesimista que solo se queja y acusa y no busca la solución

3. La gente obsesiva y a su vez miedosa que le gusta controlarlo todo y ellos tienen que ser el centro de la atención

4. Las personas que siempre están limitando el crecimiento de la obra y el ministerio por el presupuesto.

5. Aquellos que piensan que solo el grupo de ellos está bien y no tienen visión de crecimiento y de recibir a todos para Cristo.

6. Miembros que no han querido desarrollar la capacidad de pensar por sí mismos y se encubren detrás de otros.

7. La gente que prefiere la comodidad y no los riesgos.

8. Las personas que reaccionan, pero no accionan ante las situaciones y los retos.

9. Aquellos que son incapaces de soñar o dejan que el pastor lo haga solo, pero si una iglesia no sueña no sobrevive ni crece.

10. Todos debemos predicar y evangelizar a otros, no es solo responsabilidad del líder.

Por evidencia bíblica y secular ha sido probado los lados sombríos de hombres y mujeres que han pasado por distintas y difíciles situaciones en medio de sus llamados, así como David los pasó (Salmo 23:4), sin contar los miles y miles que siguen siendo puestos en dificultades, en apuros, atribulados, angustiados, derribados, perseguidos y que están en medio de la batalla o luchando sus guerras.

DONDE ESTABA DIOS

"No temeré porque tu estarás conmigo". Salmo 23:4.

Nos podríamos preguntar ¿Dónde estuvo Dios?, en medio de cada etapa y prueba ¿Donde Él estaba? Comenzare diciendo que quizás ninguno de estos siervos de Dios pensó al nacer que ya el Señor los tenía separado para trabajar en su obra o a favor de su pueblo y evangelio. Es un gran divino honor ser separado y seleccionado por el Soberano Dios. El supremo eligió hombres y mujeres viles (I Cor. 1:27-31), menospreciados y débiles para avergonzar a los sabios de este mundo y a los llamados fuertes y poderosos. Puso este tesoro en vasos de barro, que somos nosotros sus hijos e hijas, viviendo en este cuerpo de polvo y huesos, frágiles a las temperaturas, al frio y al calor, a las tormentas y tornados, a los ciclones y al invierno, al fuego y al agua, al viento y al desierto, a animales peligrosos como a nuestra misma especie, limitados al espacio y al tiempo. Para que la excelencia del poder sea de Dios y no de nosotros (2 Cor. 4:7-9).

Le promete a Abram una nación gigantesca, lo cuida en Egipto de que lo mataran cuando engaño al Faraón y a todo el pueblo diciendo que Saraí era su hermana. No permitió que le mataran a su sobrino Lot sino envía ángeles que lo cuidaran, defendieran y lo sacaran de Sodoma y Gomorra (Gen. 12 y13). Le promete bendecirlo y así lo hizo y a edad adulta le da un hijo Isaac. Aunque probo la obediencia de Abraham, ya cambiado su nombre, le mantiene vivo a Isaac y le da esposa para su hijo. Jehová siempre estuvo pendiente de él, sus posesiones y su familia.

Siempre estuvo con Moisés aun desde que nació, lo guardo de que lo mataran, le permite ser criado por su verdadera madre. Cuando lo llamo y Moisés le puso unos contratiempos al gran YO SOY, le proveyó quien hablara por él, lo guio en el camino al Mar Rojo y le permitió junto al pueblo pasar por el, en medio del desierto los alimentó y les dio agua para saciar la sed, sus ropas y zapatos nunca caducaron, en las guerras les dio la victoria y conquistaron lo que Dios les había prometido. Dios hablo directamente con Moisés y lo respaldo siempre frente al pueblo y sus enemigos. Los formo como un pueblo especial con leyes, normas y reglas. Nunca el Señor le faltó, le amó, le perdonó y perdonó a Israel una y otra vez siendo paciente.

Tuvo misericordia de Sansón quien se quedó solo, débil y ciego, sin honra, sin amigos y sin novia, sin embargo, cuando clamo a Dios, le escuchó al pedirle fortaleza y le devolviera las fuerzas para vengarse de los filisteos y Él le respondió y lo respaldó.

Con José trato desde joven y aunque sus hermanos quisieron salir de él, la mano de Dios estuvo siempre a favor de José y siempre lo puso en gracia y lo defendió, en los momentos de angustia, tristeza y soledad, Jehová el Señor fue su abrigo y su consuelo. No permitió que su corazón se dañara y se llenara de odio contra sus hermanos ni contra los que le hicieron daño. Lo capacitó con una sabiduría especial dada solo por el omnisciente Dios. Llegó sin nada a Egipto sin embargo Dios le entregó todo en su poder y pudo darle de comer a su familia en el hambre y cuidar de ellos cuando todo a su alrededor estaba malo y en necesidad, pues Dios honra a los que le honra y no se olvida de ellos nunca.

Cuando David era un insignificante, menospreciado inclusive por el profeta Samuel. El Omnipresente lo señaló y lo ungió para ser el segundo Rey de Israel. Lo respalda ante Goliat, los filisteos, el rey Saúl, el pueblo y sus hermanos y le da la victoria en esa guerra que ya estaba perdiendo Israel. Lo honra por el mismo pueblo israelí, lo cuido de la mano del rey y sus enemigos, lo pone en el trono y le da bendición, abundancia y paz. Lo reprende cuando pecó y cumplió sus promesas para con él.

La Biblia dice que, aunque Elías fue un hombre sujeto a pasiones por su oración ferviente Dios lo libró de sus batallas, en cada profecía, en cada evento que Elías fue usado por Dios, así como cuando clamó, el Señor respaldo y respondió a su hijo. Cuando se turbó y paso por esa terrible depresión, nunca Dios lo abandonó ni lo dejó en vergüenza, sino que lo despertó, lo alimento, lo dejo descansar y recuperar sus fuerzas, pues es de humano el agotamiento y el desespero. Cuando el creyó que se había quedado solo sin apoyo ni respaldo, el Señor le mostró y le dijo que no estaba solo, sino que todavía habían quedado muchos que no habían claudicado contra Dios. Dios lo empujo a reaccionar, a despertar, a recuperar el ánimo y seguir hacia adelante hasta obtener más victoria y así mismo le proveyó a su discípulo Eliseo quien lo sucedió cuando el Señor lo envía a buscar en un carro de fuego.

Job fue uno de esos hombres que la pasaron fuerte y cualquiera diría sin razón, porque le tuvo que pasar esas cosas a este hombre justo, y yo respondería porque así lo quiso Dios. A pesar de tanta angustia, sufrimiento y dolor, el Señor le dio las fuerzas y la victoria. Dios sin nosotros sigue siendo Dios, más nosotros sin El no somos nada. La experiencia tan terrible que vivió Job lo afirmó más en conocer y ver a Dios, pues de oída le había oído pero sus ojos lo vieron y como Dios es tan Justo y Fiel le bendijo mucho más que a su primer estado. Este es un ejemplo de que se puede ser leal a Dios con todo o sin nada.

Si a mí me preguntasen que deseo en esta etapa de mi vida, les diría compartir mi vida y mis sueños con esa persona que aún no ha llegado a mi vida, les diría viajar, disfrutar, ir a distintos lugares y conocer las antigüedades de las historias más antiguas del mundo, ir a países que nunca he ido como Israel, España, Roma, Suiza, Inglaterra, Grecia, Alemania, Japón y muchos otros lugares, seguir estudiando mi doctorado, enseñar todo lo que Dios me ha permitido aprender, escribir mi libro "Desigualdades de la Vida", volver a grabar las alabanzas que el Señor me ha inspirado y luego cuando el Señor quiera morir en paz con Dios. Pero a Jeremías no le tocó así, sino que desde antes de nacer fue separado por Dios para traer palabra de represión y alerta, y aunque fue duro y fuerte para él y muy triste, siempre el Señor le dio la fortaleza y le consoló cada vez que lloraba una y otra vez, pues Dios sabía lo fuerte que era para él como joven y como hombre sentirse muchas veces sólo. Cada palabra que el Señor puso en su boca, la respaldó y no lo dejó en vergüenza, porque también Jeremías se cuidó de honrar a Dios y no decir nada que no proviniera de Dios. Según los estudiadores al parecer los últimos años de vida de Jeremías fueron de paz y descanso para el profeta, aunque no era su tierra natal, pero Dios lo bendijo y lo honró poniéndolo en una posición donde la gente lo respetó.

Estoy segura de que de igual manera antes de que cada uno de estos ministros pasaran por las angustias o los procesos sombríos donde ellos estuvieron, Dios de alguna manera u otra les habló o les advirtió, siempre Dios nos prepara. Pues no es la voluntad del Señor dejar a ninguno de sus hijos en deshonra o pasar por situaciones apremiantes y vergonzosas. A Dios no le gusta jugar con sus siervos, ni que sus servidores jueguen con su obra, los propósitos de Dios son serios y de mucha plenitud. En el llamado hay mucha presión, existe la presión física, la emocional, la psicológica, la económica, la familiar, los compromisos, pero detrás de todo esto está la espiritual que es la más fuerte y acérrima. La guerra contra el diablo y la carne es la peor. Nuestros tres enemigos son el mundo, el diablo y la carne, pero de ellos el peor es la carne.

Cristo dijo en Juan 16:33 "Estas cosas os he hablado para que en mi tengáis paz. En el mundo tendréis aflicción, pero confiad, yo he vencido al mundo. Así que Él nos dejó la seguridad de la paz, pues sabia y por experiencia propia, que iba a ver mucha aflicción, pero Él había vencido y por cuanto El venció nosotros somos más que vencedores (Rom. 8:37). En cuanto al diablo la biblia dice en Santiago 4:7 "Someteos, pues a Dios, resistid al diablo, y huira de vosotros". Que si nosotros vivimos una vida de consagración a Dios activa en la oración, ayuno y obediencia a la palabra, el diablo tendrá que huir. Cristo fue tentado por el diablo antes de comenzar plenamente su ministerio, pero en su tercera tentación le dijo claramente a su enemigo y nuestro "Vete, Satanás, porque escrito está: Al Señor tu Dios adorarás y a él solo servirás". (Mateo 4:10).

Ahora bien, la carne es débil y es nuestro peor enemigo que vive y está con nosotros 24 horas al día, 365 días al año. Que no importe cuantos días de ayuno y horas de oración produzcas siempre la carne se levanta con sus pasiones y deseos pecaminosos en contra del agradar a Dios. No con deseos permitidos por Dios en su santa y perfecta voluntad, sino con aquellos que van en contra de los propósitos de Dios agradables y perfectos. La biblia dice: "Porque el deseo de la carne es contra el Espíritu, y el del Espíritu es contra la carne; y estos se oponen entre sí, para que no hagáis lo que quisiereis. Y dice: Manifiestas son las obras de la carne, que son: adulterio, fornicación, inmundicia, lascivia, idolatría, hechicerías, enemistades, pleitos, celos, iras, contiendas, disensiones, herejías, envidias, homicidios, borracheras, orgias, y cosas semejantes a estas acerca de las cuales os amonesto, como ya os lo he dicho antes, que los que practican tales cosas no heredaran el reino de Dios". (Gálatas 5:17-2). Y la realidad es que es placentero y al momento el pecado parece ser grato, pero su repercusión es muerte y no vida. Romanos 8:6 dice: Porque el ocuparse de la carne es muerte, pero el ocuparse del Espíritu es vida y paz.

Juan 6:63 dice: El Espíritu es el que da vida; la carne para nada aprovecha; las palabras que yo os he hablado son espíritu y son vida. I Juan 2:1 dice: "Hijitos míos, estas cosas os escribo para que no pequéis; y si alguno hubiere pecado, abogado tenemos para con el Padre, a Jesucristo el justo". Quien mejor que nuestro Salvador para saber lo que cada uno lucha en su espíritu, en su carne y en su mente. Hebreos 2:18 dice: "Pues en cuanto él mismo padeció siendo tentado, es poderoso para socorrer a los que son tentados". No temeremos porque Él está con nosotros. Dios nunca nos deja solos ni abandonados como hijos bastardos o huérfanos sin padre. Tampoco desarma a un soldado para armar a otro, pues Él tiene sus armaduras que son más que suficientes para todo su ejército.

Tampoco no envía a nadie a la guerra sin antes adiestrarlo y capacitarlo para la misma, aun así, va contigo a la batalla. Cuando somos tentado no es por parte de Dios porque él no tienta a nadie, sino por nuestras propias concupiscencia y deseos carnales, por el orgullo y la soberbia, el diablo toma ocasión y nos tienta. Dios nos socorre, nos viste de valor y autoridad, nos da inteligencia y sabiduría, nos habla y nos revela, nos muestra y nos da visión aun en medio del valle de la sombra y la muerte. Sin El nada podemos hacer, sin El no vamos a ganar la guerra. Nada es imposible para Dios. El tiene todo el poder de romper y construir, de derribar y volver a levantar, de humillar y exaltar, de maldecir y bendecir. No es un Dios hecho de madera, no es obra de manos que tienen boca mas no hablan, orejas tienen mas no oyen, tienen narices mas no huelen, manos tienen mas no palpan, tienen pies mas no andan, no hablan con su garganta, nuestro Dios está en los cielos, Salmos 115. Ciertamente muchas veces y de muy mal manera el hombre toma la justicia y la venganza en sus manos y no sabe tener compasión ni misericordia, ni tampoco sabe aplicar la disciplina o simplemente se hace de la vista larga y exime a los demás como cosas o gente de poco o menos valor, creyéndose ellos superiores, pero hay que mirar a Cristo y proseguir a la meta, al premio del supremo llamamiento de Dios en Cristo Jesús. Levantándonos, restaurándonos y perdonándonos los unos a los otros. Confiando siempre que Él está con nosotros como dijo Jeremías en su capítulo 20:11 "Mas Jehová está conmigo como poderoso gigante…"

CONCLUSIÓN

La vara en hebreos es Shebet. Los pastores hacen pasar las ovejas por la vara para contarlas más fácilmente. Es símbolo de poder y autoridad. En los tiempos de Palestina la vara era un garrote de madera acabado en su parte superior con una bola en la que se incrustaban fuertes pinchos. Y los pastores sabían manejar esta vara como arma de defensa con habilidad pasmosa y con ella ahuyentaban a las fieras y protegían al rebaño. Las ovejas aprendían de este modo a no temer mal alguno confiadas en la capacidad y protección de su pastor. El callado también les permitía halar la oveja por el medio de su cuerpo cuando estas se desviaban del redil y de esa manera volvían a estar seguras y protegidas.

Siempre la corrección de Dios hace bien pues al principio duele, pero al final nos trae paz y seguridad. La corrección a tiempo sana y restaura, es por eso que el salmista expresó que estas traían a su vida aliento. Es dotarte de ese sentimiento o cualidad que Dios quería en la vida del salmista, lo mismo nos ocurre a nosotros en nuestra vida cristiana. En muchas ocasiones perdemos el enfoque, la visión, el mapa, la guía, el objetivo principal, quizás porque la brújula este sucia o sin baterías, o puede ser por falta de nuevas ideas o motivación, por el agotamiento extremo que nos llega muchísimas veces, o la falta de motivación de aquellos que se supone tenemos a nuestro lado para ayudarnos y están más desenfocados que nosotros mismos. En otros momentos desmaya la fe y la confianza y esto ciega la visión, apaga el aceite o la llama que se sentía en un principio. La fatiga, la falta de descanso, los muchos compromisos y el sentir que no damos abasto. Trae esto consigo el descuido, la autoconfianza, la desesperación, que a su vez te lleva a tomar decisiones incorrectas y ligeras sin meditarlas bien. Es como sentir o ver un volcán en erupción a punto de estallar, caliente en su máxima potencia, votando lava por doquier, encendido en fuego vivo, pero sin saber a plenitud lo que está sucediendo dentro. No es hasta que hace erupción y estalla que sale toda esa lava ardiendo y ese fuego que puede consumir todo lo que encuentra a su paso. Mas Dios nos muestra su amor con la corrección a tiempo, nos habla con palabras dulces de alivio y bonanza. Cada vez que se espera llegue el látigo del Señor a castigarte, el hace uso de su amor y su bondad, entonces esta parte de Dios te muestra lo misericordioso y compasivo que es. El perdón de Dios te desnuda y te permite ver lo sensible y deficientes que somos y es entonces cuando chocamos con la gran realidad de que sin El nada somos y nada podemos hacer. Que por cuanto nos ama nos corrige, nos castiga, nos alerta y nos avisa.

El que es llamado por Dios no está exento de pasar por el valle de la sombra y de la muerte, ni de sentirte solo o triste, abandonado o cabizbajo. Somos blancos fáciles al enemigo de nuestras almas todo el tiempo, día o noche, mañana y tarde, en frio o en calor, en invierno o en verano, luego de una gran victoria o de una fiesta, por más preparación profesional que se tenga o sencillez, seas rico o pobre, seas astuto o simple, fuerte o débil, mientras estemos en este cuerpo lleno de flaquezas y comprometido estaremos en una guerra incesante. Que Dios nos ampare bajo su abrigo y sus alas para protegernos de todo mal, para levantar a los caídos, para restaurar a los desvalidos y menesterosos. Que el amor de Dios siempre este abrigándonos día a día y la sangre de Jesús nos cubra. Que su vara nos reprenda las veces que sea necesario y su vallado nos hale cuando nos estemos descarriando para salvarnos y libertarnos, enderezarnos y curarnos de las heridas que nos deja este llamado, pero que a su vez es una honra.

Permita el Señor que la iglesia siga haciendo su labor de orar, clamar y ayunar los unos por los otros, que siempre siga formando mujeres y hombres dispuestos hacer la voluntad de Dios, de ser atalayas y voz de alerta en estos tiempos tan retantes, comprometedores que vivimos y seguiremos viviendo hasta que el Padre lo decida. Tiempos de constantes cambios donde se siguen perdiendo los valores bíblicos y atributos importantes, valiosos de la vida que Él nos ha regalado y que lo caracterizan a Él como un Dios divino, superior a nosotros y soberano.

Que la iglesia siga aprovechando las oportunidades de levantar colegios, academias, lugares para dar comidas a los hambrientos y vestimenta a los necesitados, escuelas de música, librerías, universidades etc. Que sigan formando buenos lideres y Pastores, evangelistas, maestros, adoradores, músicos, diáconos, obispos, síndicos comprometidos con la palabra de Dios y bien formados para que den un buen ejemplo y sigan proclamando las buenas nuevas de salvación al mundo entero. Muy importante que los Concilios, organizaciones cristianas y ministerios ofrezcan apoyo en todo tipo de consejería para ministros de manera personal, confidencial y profesional para momentos de crisis.

Ojalá se sigan levantando hombres y mujeres de Dios que no se avergüencen de este evangelio poderoso en todos lugares como en el gobierno, congresistas, senadores, abogados, médicos, maestros, profesores, soldados, comerciantes, instructores, directores, banqueros, policías, que pongan en alto el estandarte de este precioso evangelio de Jesucristo.

Que la iglesia pueda tener Psicólogos y Terapistas que ayuden al cuerpo de Cristo en sus momentos de crisis, (como el ministerio de la Pastora Keila Angulo en Puerto Rico con el lugar gratuito de terapias para familias, grupos o individuales KZ). No que los dejen morir enajenándolos, marginándolos o rechazándolos por esto o aquello. Que se rompan las barreras de división y desunión entre la iglesia.

En una ocasión alguien dijo que el único ejercito que abandona sus soldados era la iglesia. Y esto se ve cuando alguno que en un momento dado fue un instrumento usado poderosamente y luego caen de la gracia, pero que hace el pueblo al respecto. Muchas veces los olvidan, los condenan, los menosprecian y los tratan mal, pero que haría Jesús en tu lugar. Esta más que comprobado en la Biblia que al hijo que Dios ama, castiga, y la corrección a tiempo disciplina, sana y restaura (Heb. 12:6-7).

Hay que buscar ayuda cuando la necesitemos, no llegar a una posición donde ya sea tarde. No temer, Dios va a estar con nosotros y nos infundirá aliento.

DEFINICIONES

1. **Ciencia** - Es el conocimiento cierto de las cosas.

2. **Geografía** - La Geografía es la ciencia que estudia la Tierra y sus características, así como los seres vivos que habitan en ella.

3. **Cosmos** - (Del griego: "kosmos" – mundo.) significa un sistema del mundo, o el Universo como un todo íntegro sujeto a las leyes del movimiento de la materia.

4. **Medio ambiente** - Conjunto de circunstancias o condiciones exteriores a un ser vivo que influyen en su desarrollo y en sus actividades.

5. **Climatología** - La climatología estudia las variaciones del tiempo a largo plazo.

6. **Biología** - Ciencia que trata de los seres vivos considerando su estructura, funcionamiento, evolución, distribución y relaciones.

7. **Botánica** - La Botánica es aquella rama de la Biología que se ocupa del estudio integral de las plantas, su descripción, clasificación, distribución y relaciones con otros seres vivos.

8. **Astronomía** - Es la ciencia que se dedica a la investigación de todo lo que se relacione con los astros como los planetas, cometas, satélites, meteoritos, cuerpos estelares e interestelares, movimientos y principios.

9. **Brontologia** - La Brontologia es la parte de la meteorología que estudia las tempestades y lo referente a ellas. Proviene de las palabras griegas bronté=trueno y logos=ciencia.

10. **Zoología** - Zoología es una palabra que proviene etimológicamente del griego zoos (animal) y logos (ciencia o tratado), por lo que se puede considerar a la zoología como la ciencia de los animales.

BIBLIOGRAFÍA

Libros:

1. Comentario Bíblico. Isaías. (1983). El Paso, Texas. Editorial Mundo Hispano.
2. Grupo Nelson. (1960). Biblia del Diario Vivir: Versión Reina Valera. Carol Stream, IL. Caribe.
3. Vila, Escuain. (1985) *Nuevo Diccionario Bíblico Ilustrado*. Barcelona, España. CLIE
4. Vine, W.E. (1999). *Diccionario Expositivo de Palabras del Antiguo y del Nuevo Testamento Exhaustivo*. Nashville, TN. Caribe
5. Willmington, Harold L. (1995). *Auxiliar Bíblico Portavoz*. Gran Rapids, Michigan. Editorial Portavoz.
6. Wood, Leon J. (1983). *Los Profetas de Israel*. Gran Rapids, Michigan. Editorial Portavoz.

Internet:

7. *10 cosas que matan el ministerio*. United Methodist News Service. (2013, February 6). https://www.umnews.org/es/news/10-cosas-que-matan-el-ministerio
8. Branson-Potts, H. (2019, September 13). *Otro joven pastor que abogaba por la salud mental muere por Suicidio*. Otro joven pastor que abogaba por la salud mental muere por suicidio. https://www.latimes.com/espanol/https:/www.latimes.com/california/articulo/2019-09-12/california-mega-iglesia-pastor-suicidio-sanidad-mental
9. Centers for Disease Control and Prevention. (2021). *Soledad y Aislamiento Social Vinculados a afecciones graves*. Centers for

Disease Control and Prevention. https://www.cdc.gov/aging/spanish/features/lonely-older-adults.html

10. Mouzo, J. (2023, January 11). *La Soledad, UN Problema de Salud Pública Que Aumenta el Riesgo de enfermar y Morir.* La soledad, un problema de salud pública que aumenta el riesgo de enfermar y morir. https://elpais.com/salud-y-bienestar/2023-01-11/la-soledad-un-problema-de-salud-publica-que-aumenta-el-riesgo-de-enfermar-y-morir.html

11. *Qué Es la Depresión.* National Geographic. (2022, November 21). https://www.nationalgeographicla.com/ciencia/2022/11/que-es-la-depresion

12. U.S. Department of Health and Human Services. (2022). *Trastorno de Pánico: Cuando el Miedo Agobia. National Institute of Mental Health.* https://www.nimh.nih.gov/health/publications/espanol/trastorno-de-panico-cuando-el-miedo-agobia

13. U.S. National Library of Medicine. (n.d.). *Panic disorder.* MedlinePlus. https://medlineplus.gov/panicdisorder.html

14. https//dlerae.es/soledad

15. www.cdc.gov

16. www.cigna.com

17. www.Daystar.com

SOBRE LA AUTORA

Pastor Marisol Santos Pagan fue pastora de la Iglesia de Cristo Misionera y El Sendero de la Cruz por nueve años en la ciudad de Kissimmee, Florida. Ella tiene un bachillerato universitario en Ciencias Biomédicas y un grado postgraduado en Tecnología Médica y una Maestría en Teología de la Universidad de Mizpa.

Querido lector,

Dios siempre esta con nosotros en medio de cualquier batalla. El es nuestra fortaleza y nuestro pronto auxilio. No desmayes, no te rindas. Sigue hacia adelante! Te dedico esta alabanza titulada "Conmigo estas". Compartela con otros tambien para que sean bendecidos. Autora Marisol Santos

Que Dios te bendiga!

NOTAS

www.ingramcontent.com/pod-product-compliance
Lightning Source LLC
Chambersburg PA
CBHW052125070526
44586CB00016B/2091